| 보고 또 보는 과학 그림책 |

다윈 할아버지의 진화 이야기

글 파올라 비탈레 · 그림 로사나 부쉬
옮김 강영옥 · 감수 윤소영

아름다운사람들

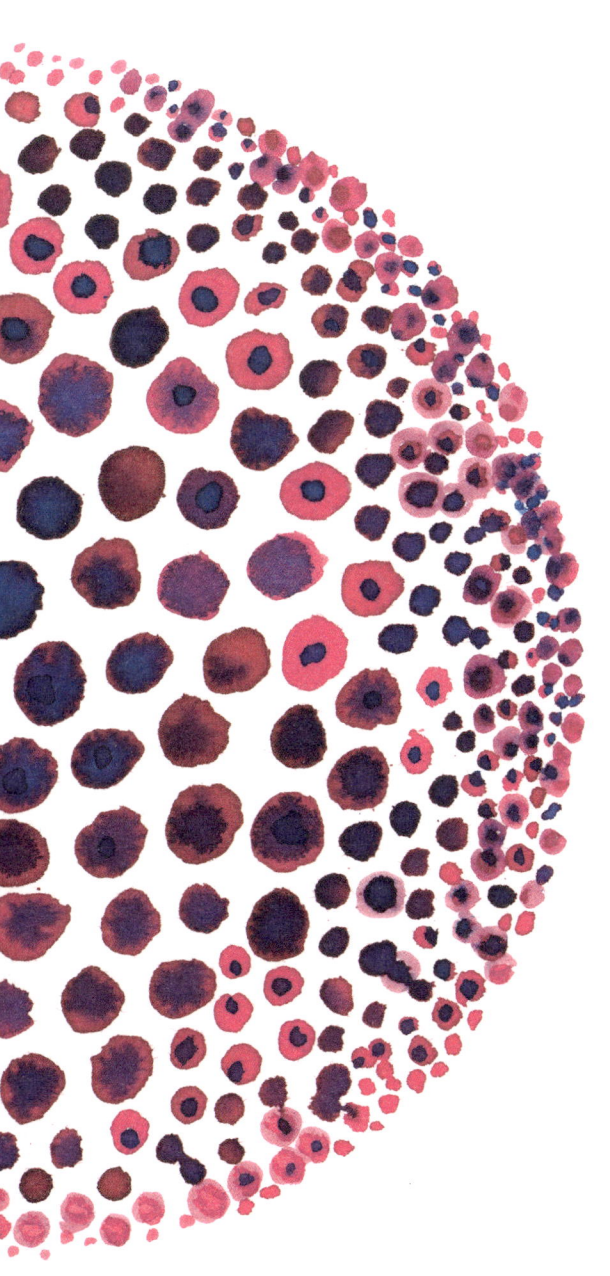

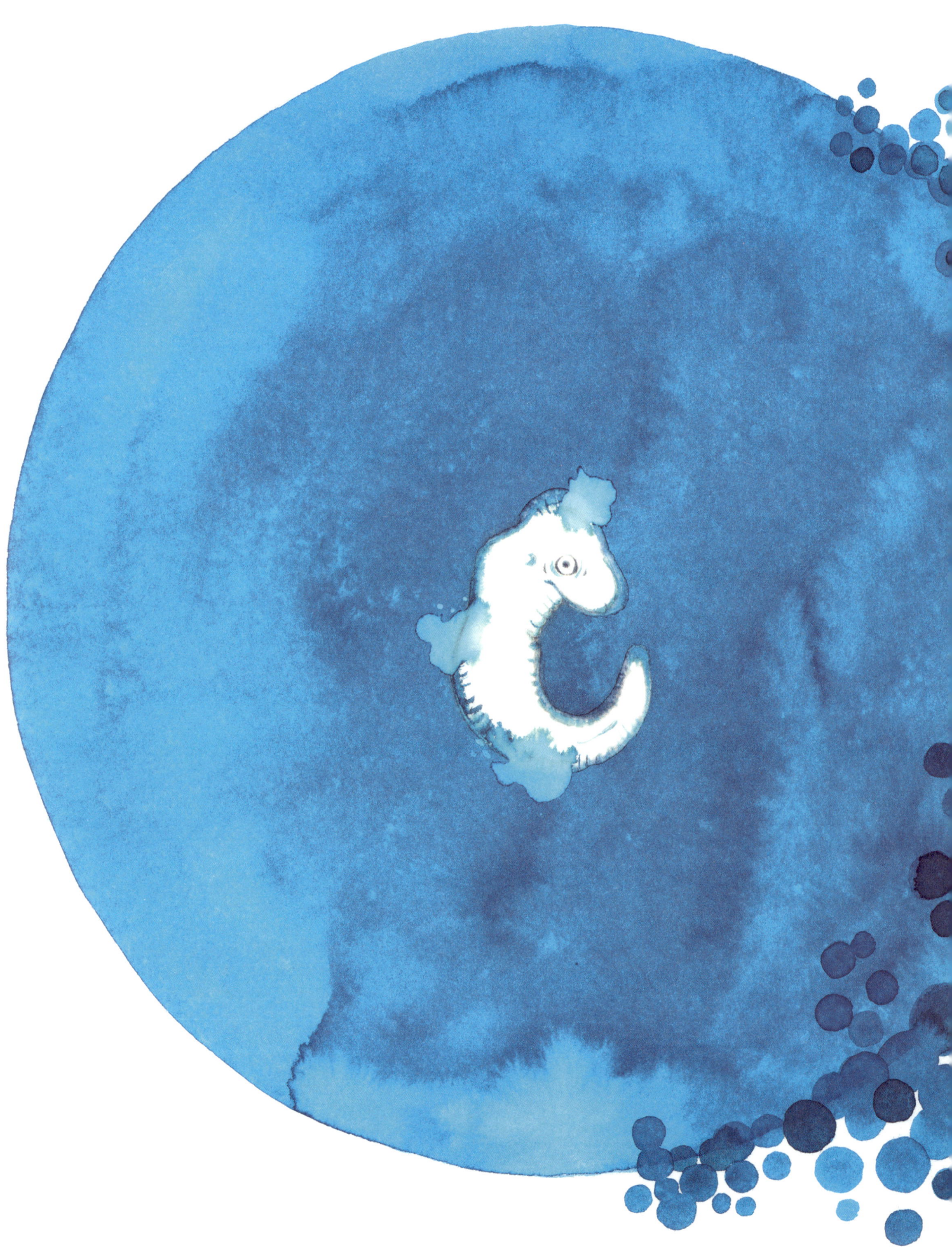

나는 자라서 무엇이 될까요?

아가미가 있군요.
그럼 어류일까요?
어류는 물고기를 말해요.

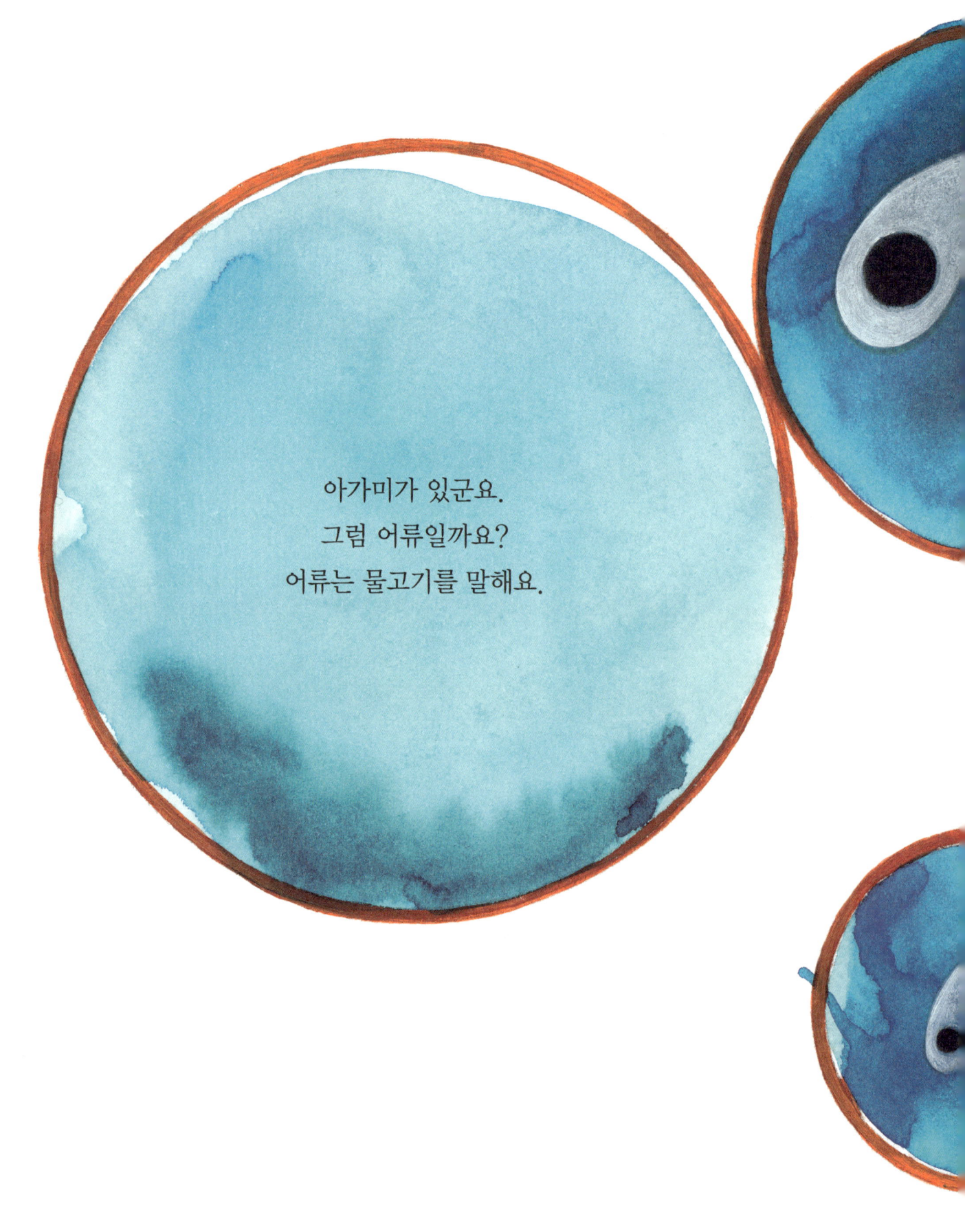

· **어류** 아가미로 숨을 쉬고 지느러미를 움직여 물속을 헤엄쳐 다니는 척추동물, 즉 물고기를 통틀어 이르는 말이에요.

그럼 물고기인가 봐요.

땡! 아니에요.
난 물을 좋아하지만 폐가 있거든요.
물고기는 폐가 없답니다.

그렇다면 양서류인가 봐요.

청개구리일까요?
아니면 몸집이 큰 두꺼비일까요?

· **폐** 땅 위에 사는 동물들의 호흡 기관이에요. 척추동물 가운데 양서류와 파충류, 조류, 포유류가 폐로 숨을 쉬지요.
· **양서류** 어릴 때는 아가미로 호흡하면서 물에서 살고, 자라서는 폐와 피부로 호흡하면서 땅 위에서 사는 척추동물이에요.
개구리, 두꺼비, 도롱뇽이 양서류랍니다.

입을 쩍 벌린 모습을 보면
파충류인 뱀 같아요.

그렇다면 자라서
먹잇감을 단숨에 꿀꺽 삼켜 버리겠지요.

• **파충류** 피부가 비늘로 덮여 있어서 건조한 곳에서도 살 수 있는 척추동물인데, 다리가 네 개인 것도 있고 퇴화한 것도 있어요.
거북, 뱀, 도마뱀, 악어, 그리고 멸종동물인 공룡이 파충류예요.

발을 보니 물갈퀴가 있네요.
자라서 오리가 되려나 봐요.

깃털처럼 보이는 것도 있어요.
그렇다면 조류일까요?
조류는 새무리를 말해요.

하늘을 나는 독수리일까요?
아니면 달리기를 잘하는 타조일까요?

· **조류** 몸이 깃털로 덮여 있고 날개가 한 쌍, 다리가 두 개 있는 척추동물, 즉 새들을 통틀어 이르는 말이에요.

탐스런 꼬리가 달려 있네요.
혹시 여우일까요?

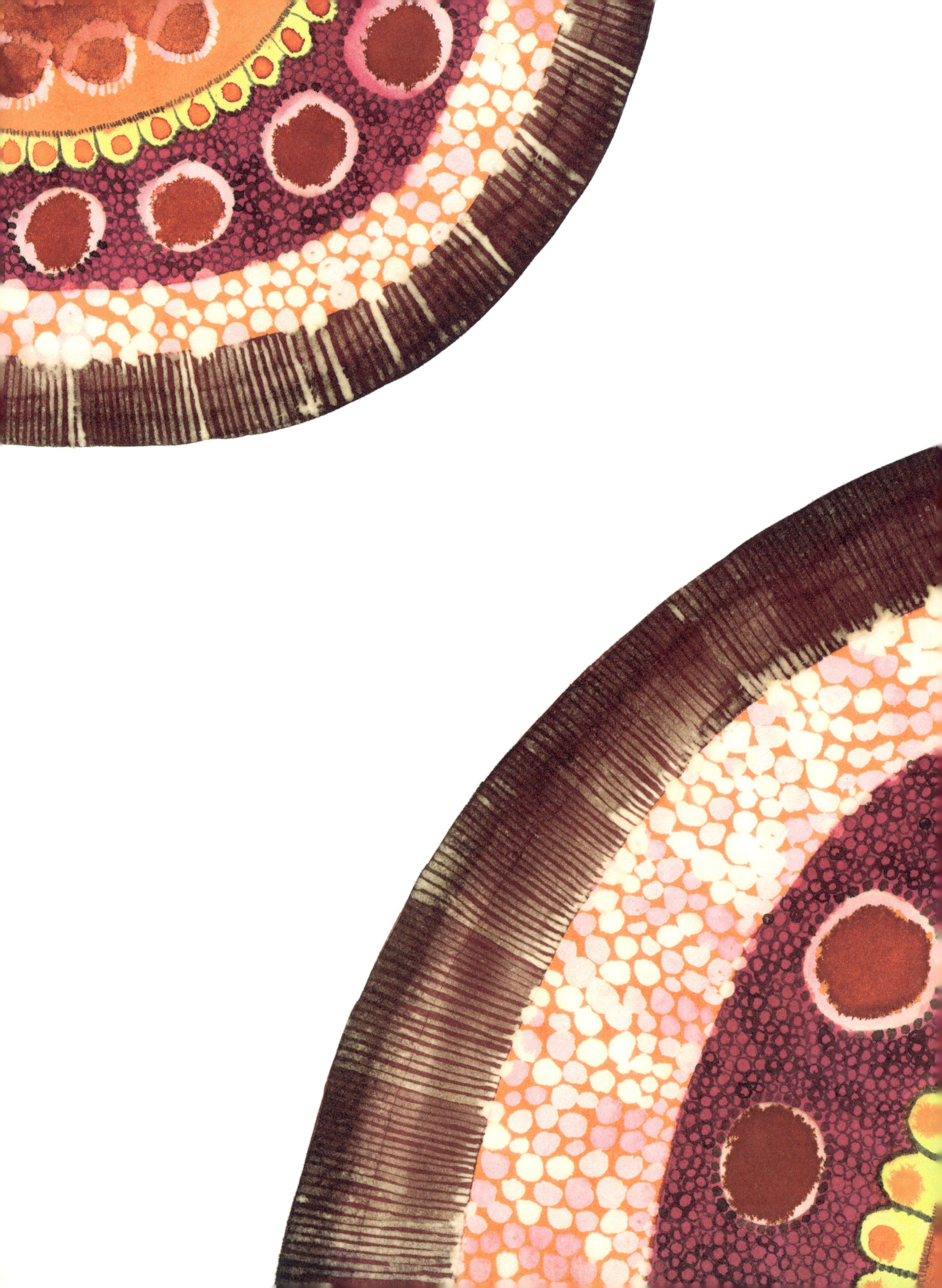

땡! 아니에요.

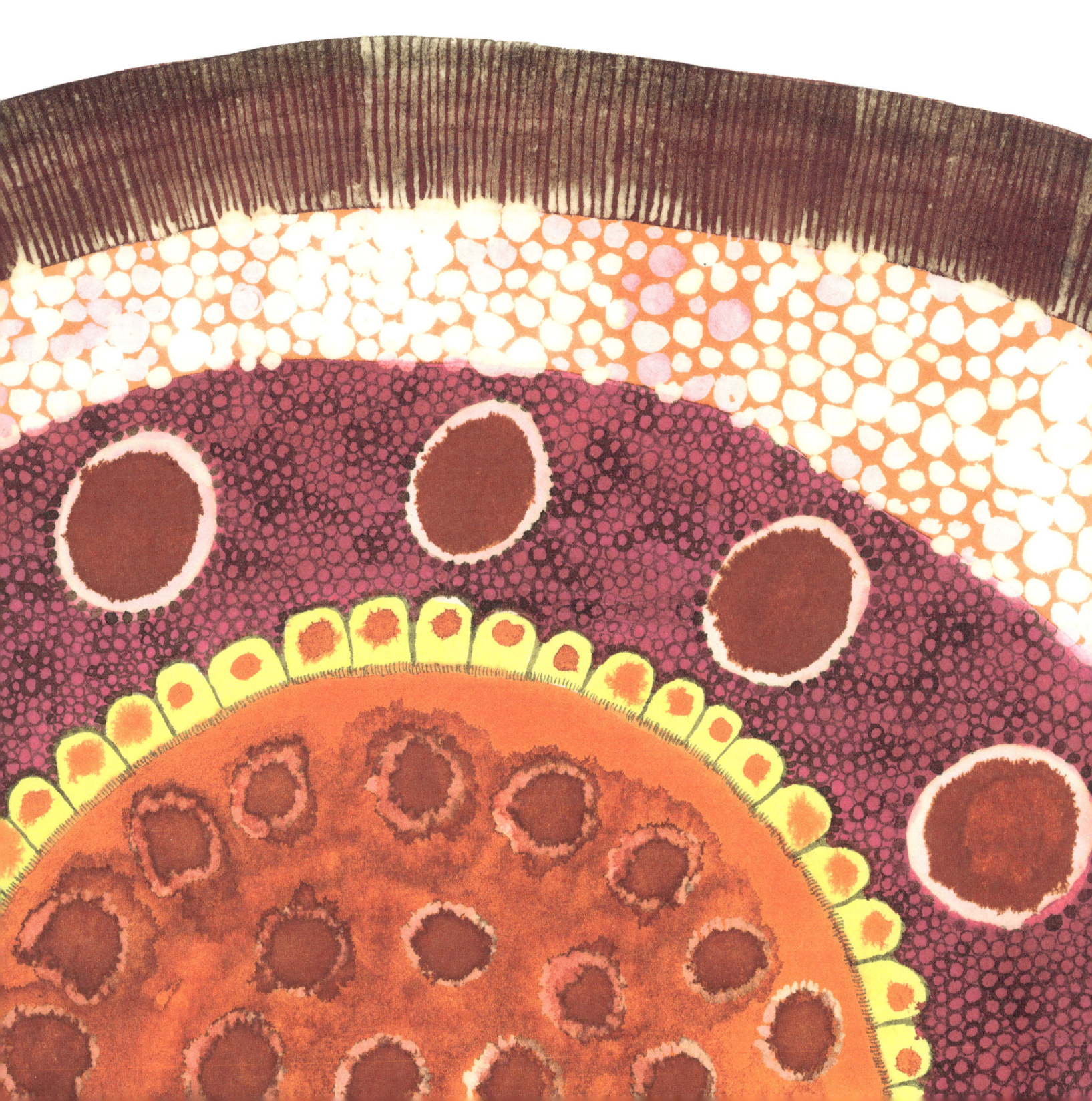

드디어 세상 밖으로 나왔어요!

과연 무엇이 되었을까요?

바로 바로 사람이었어요.
사람은 포유류예요.

- **포유류** 피부에 털이 나 있고 땀샘, 피지샘, 젖샘이 있는 척추동물이에요.
  오리너구리 같은 단공류만 알을 낳고 나머지는 모두 새끼를 낳아 젖을 먹여 길러요.
- **수정란** 엄마가 만든 난자와 아빠가 만든 정자가 합쳐진 것으로, 엄마의 자궁 속에서 자라 아기가 되어요.

그런데 나는 작은 수정란에서
아기로 자라는 동안
어류와 양서류, 파충류, 조류의 특징을
나타내기도 해요.

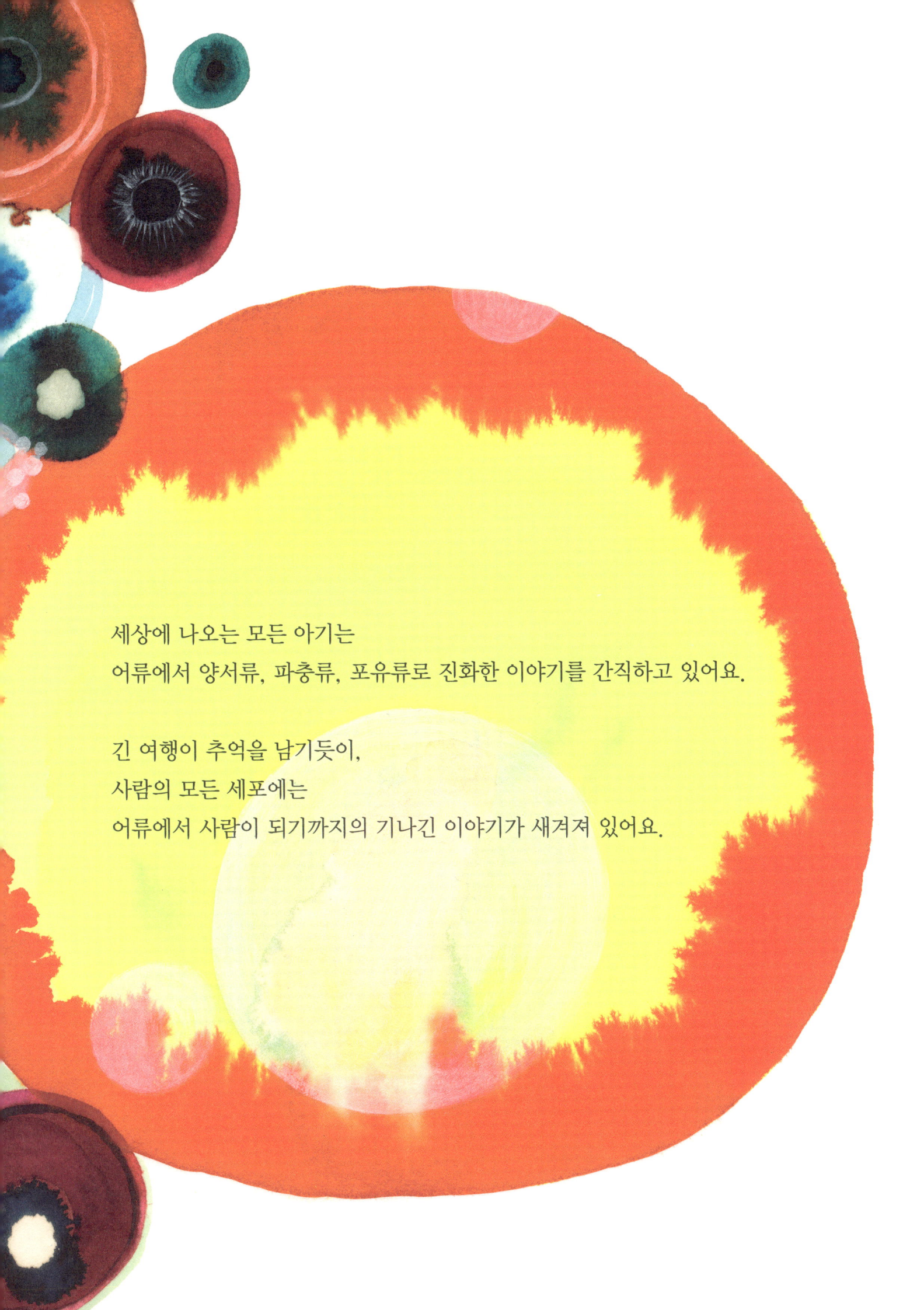

세상에 나오는 모든 아기는
어류에서 양서류, 파충류, 포유류로 진화한 이야기를 간직하고 있어요.

긴 여행이 추억을 남기듯이,
사람의 모든 세포에는
어류에서 사람이 되기까지의 기나긴 이야기가 새겨져 있어요.

사람의 탄생 이야기는
지구에 사는 모든 생명체의 탄생 이야기랍니다.

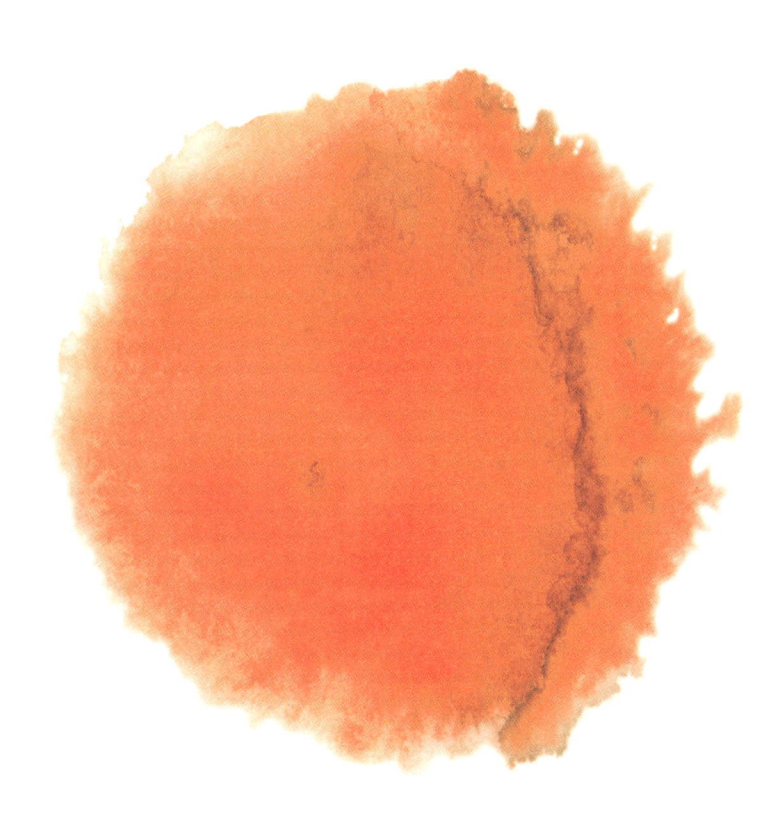

1859년 다윈 할아버지는 『종의 기원』이라는 책에서 자연 선택설을 주장했어요.
자연 선택에 의해 새로운 종이 나타날 수 있다는 이론이지요.
그 뒤 많은 과학자가 생명의 역사와 진화에 관해 연구했어요.

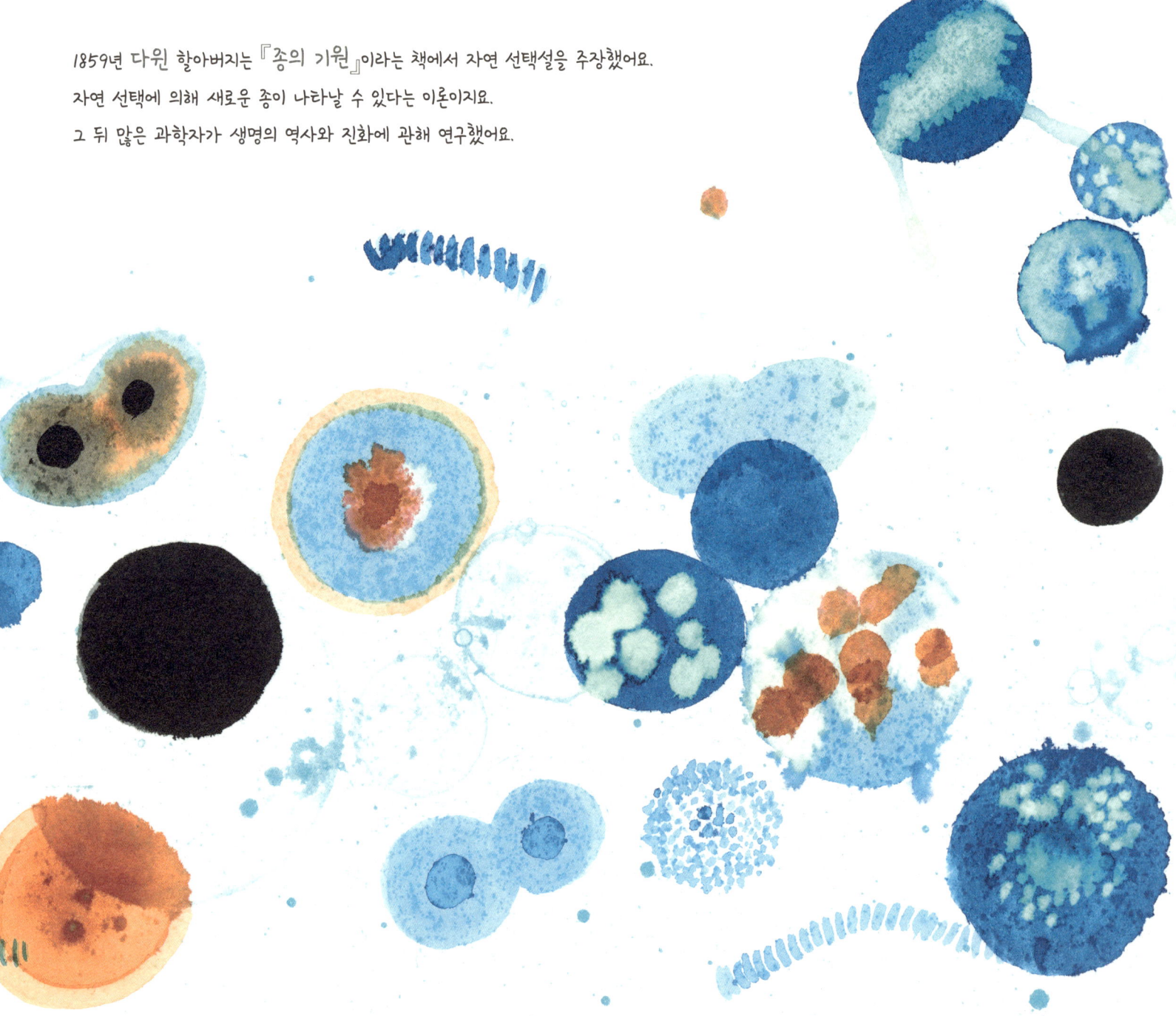

약 40억 년 전, 지구를 덮은 바닷물 속에서 하나의 세포로 이루어진 단순한 생명체가 나타났어요.
그 뒤 생물은 계속 변해 왔어요. 자연 환경에 적응하는 생물은 살아남았고, 그러지 못한 생물은 사라졌지요.
이것이 다윈 할아버지가 말한 '자연 선택'이에요.

지금 우리 눈앞에 있는 생명체들은 끊임없는 변화 과정을 거쳐 나타났어요.
척추동물 가운데 어류가 가장 먼저 나타났고, 그 뒤 양서류, 파충류, 조류와 포유류가 탄생했어요.
사람은 포유류에 속하지요.

사람은 지구에서 가장 늦게 탄생한 포유류예요.
수정란에서 아기로 자라는 동안 우리는 과거 생명체들의 흔적을 볼 수 있어요.

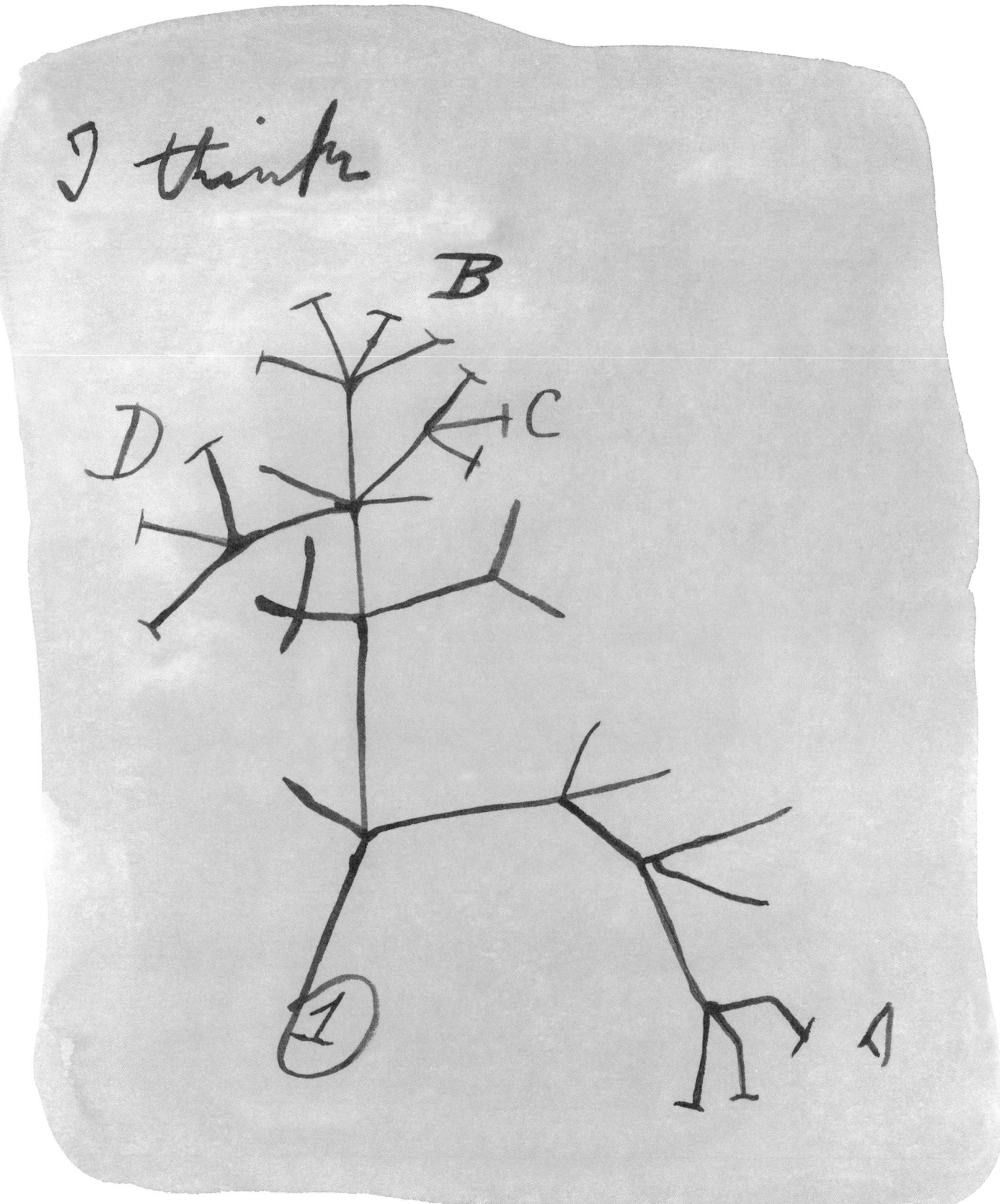

다윈 할아버지가 진화론을 설명하면서 그린 '생명의 나무'라는 그림이에요.

다윈 할아버지는 지구 생명체의 역사를 나뭇가지 모양으로 설명했어요. 그림에서는 하나의 조상을 볼 수 있어요. 이 최초의 생명체가 긴 시간 동안 변화하는 환경 속에서 여러 갈래의 가지로 나뉘면서 다양한 생명체가 탄생했다는 걸 보여 주는 그림이 바로 '생명의 나무'예요.

다윈 할아버지의 진화론을 뒷받침하는
증거는 다양해요.
첫 번째 증거가 화석이에요.

화석은 지질시대에 살던
생명체의 흔적이에요.
화석을 연구하면 수십억 년 동안
생물이 어떻게 변화해 왔는지 알 수 있어요.

지구의 탄생부터 역사 시대가 시작된
약 1만 년 전까지를
지질시대라고 해요.

많은 세포로 이루어진 동물의 몸도 처음에는 하나의 세포에서 시작해요.
하나의 세포가 둘로 나뉘고 다시 나뉘기를 반복하며 자라지요.
그 하나의 세포, 즉 수정란이 세포분열을 시작해서 완전한 개체가 되기 전까지의 단계를 배아라고 해요.

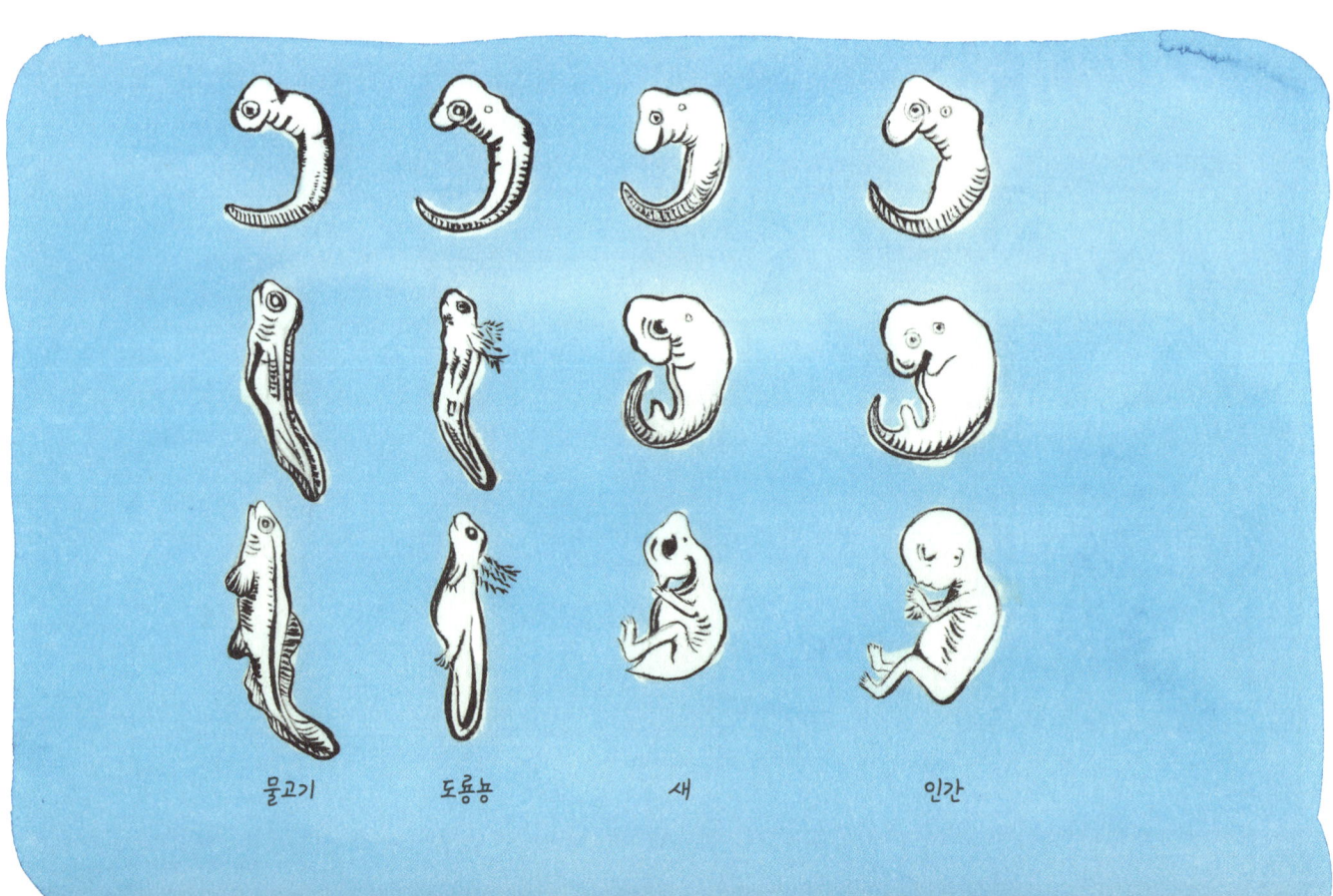

물고기　　　도롱뇽　　　새　　　인간

척추동물의 배아는 발생하는 동안
특별한 순간을 만나요.

모래시계의 잘록한 부분을
지나는 것과 같은 순간이지요.
이 잘록한 부분을 통과하기 전까지
모든 동물의 배아는 거의 차이가 없어요.
모두 같은 동물로 자랄 것처럼 보이지요.

하지만 잘록한 부분을 지나
넓은 곳으로 나가면서 모든 배아는
서로 다른 방향으로 발달해요.

그 결과 하나의 세포에서
물고기, 개구리, 뱀, 오리, 사람이 탄생해요.
정말 특별한 순간이지요.

배아와 생물의 몸 구조를 비교해서 보면 재미있는 사실을 알 수 있어요.

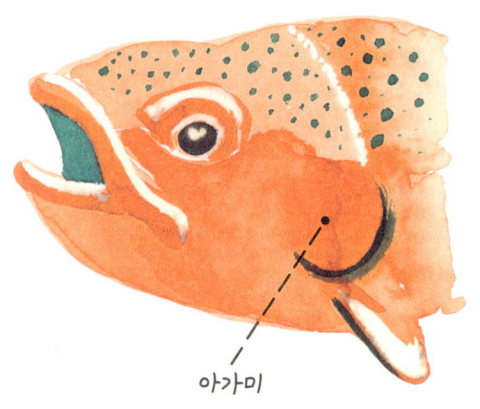

아가미

척추동물 배아의 목에는 주름이 몇 개 있어요.
물고기 배아에서 이 주름은 아가미가 돼요.
사람의 배아에서는 폐가 되지요.

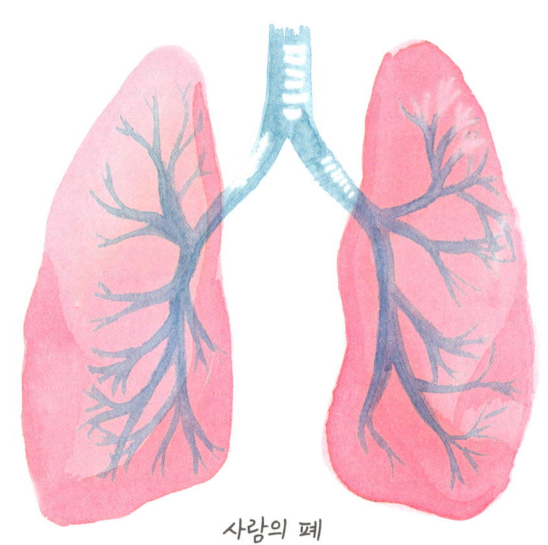

사람의 폐

사람의 배아에도 개구리나 오리처럼 손발에
물갈퀴 같은 것이 있어요.
시간이 지나면서 물갈퀴가 사라지고
손가락, 발가락이 나누어지지요.

사람의 척추 끝부분에는 엉치뼈와 꼬리뼈가 붙어 있어요.
사람 몸에 남아 있는 진화의 흔적이지요.
동물들은 꼬리가 있지만, 사람은 꼬리가 퇴화되어
엉치뼈와 꼬리뼈만 남은 거랍니다.

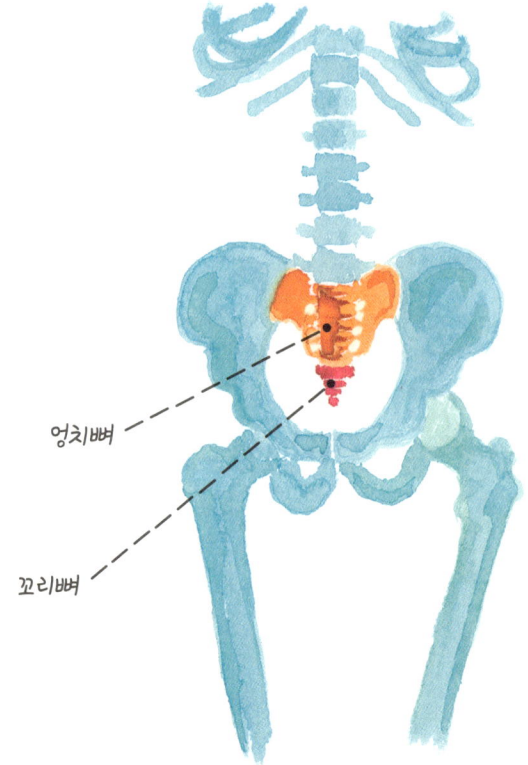

엉치뼈

꼬리뼈

동물의 몸에는 원래 용도와 다르게 사용되는 부분들이 있어요.
포유류의 귀에 있는 망치뼈와 모루뼈는 고막의 진동을 속귀에 전달해서 소리를 듣게 해 주지요.
하지만 파충류에서 볼 수 있듯이, 이 뼈들은 원래 턱을 움직이는 데 사용되었답니다.

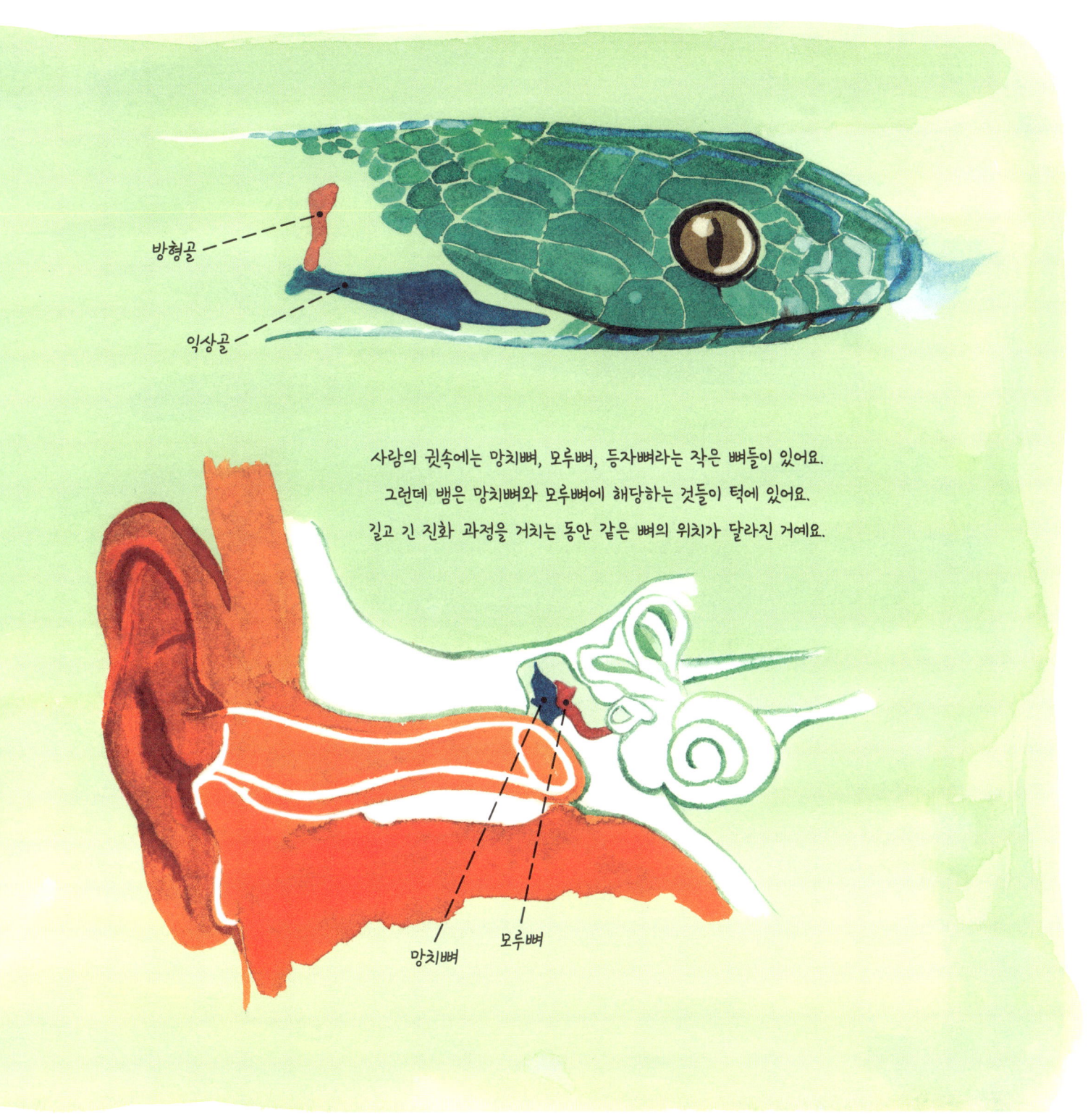

이 모든 것들은 모든 생명체가 환경에 적응해서 서서히 변해 왔다는 것을 말해 주어요.
몸의 구조를 비교해서 찾을 수 있는 진화의 증거들이지요.

사람을 포함한 척추동물들의 배아 발생 과정에서도 진화의 증거를 볼 수 있어요.
모든 척추동물 배아의 발생 과정에는 많은 공통점이 있어요.
이런 공통점은 척추동물들이 같은 조상에서 갈라져 나왔다는 것을 말해 주지요.
그리고 가까운 유연관계에 있을수록 비슷한 점이 더 많답니다.
유연관계는 생물을 분류할 때 어느 정도 가까운가를 나타내는 관계를 말해요.
다윈 할아버지가 그린 생명의 나무에서 가까운 가지에 있을수록 가까운 유연관계에 있는 생물들이에요.

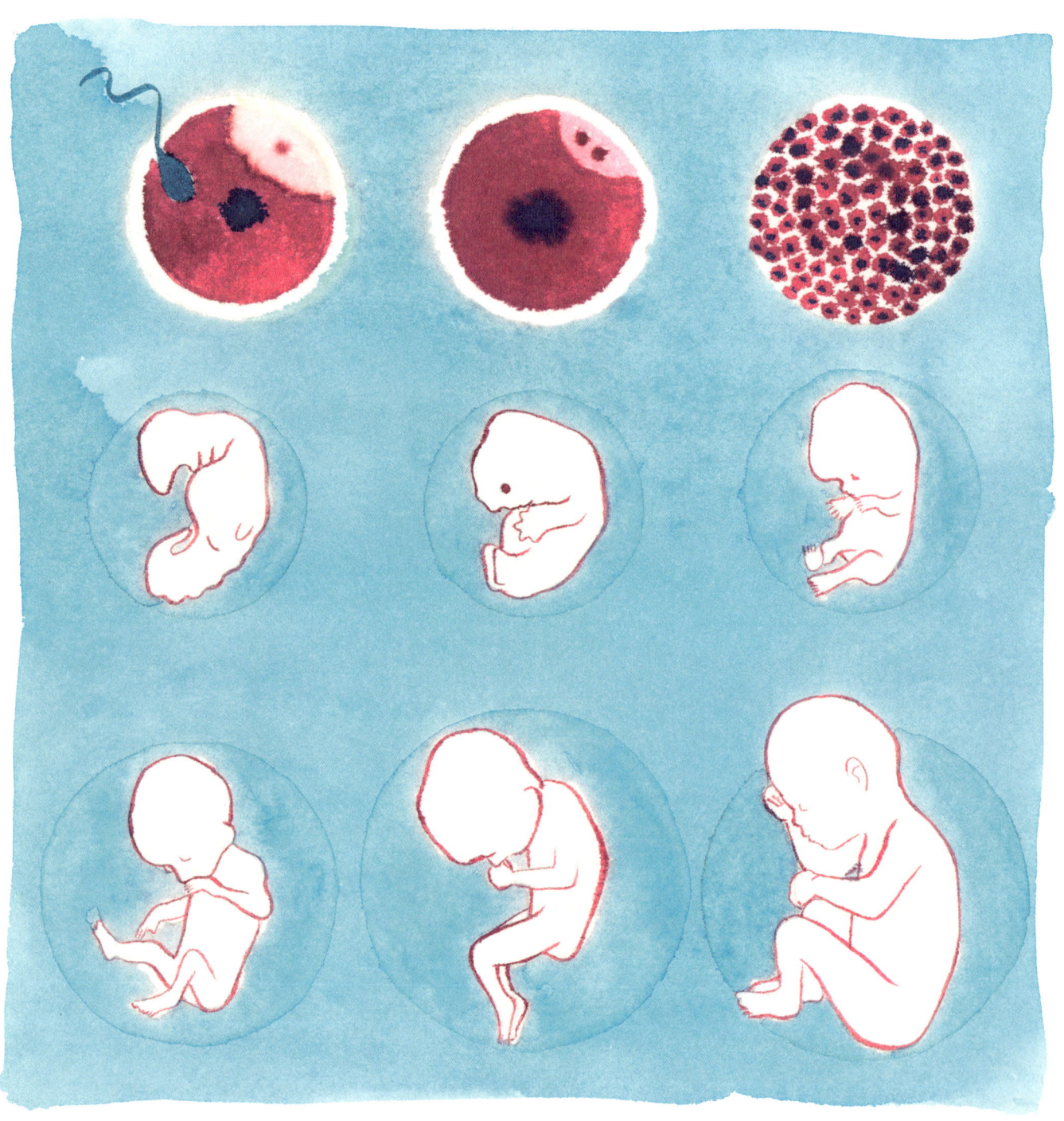

모든 태아는 마치 길고 긴 생명의 진화 여행을
모두 '기억'하고 있는 것처럼 보여요.

모든 세포에는 DNA가 들어 있어요.
DNA는 유전 정보를 담고 있어서 유전의 본체라고 하지요.
아래 그림은 DNA의 이중나선 구조를 나타내요.

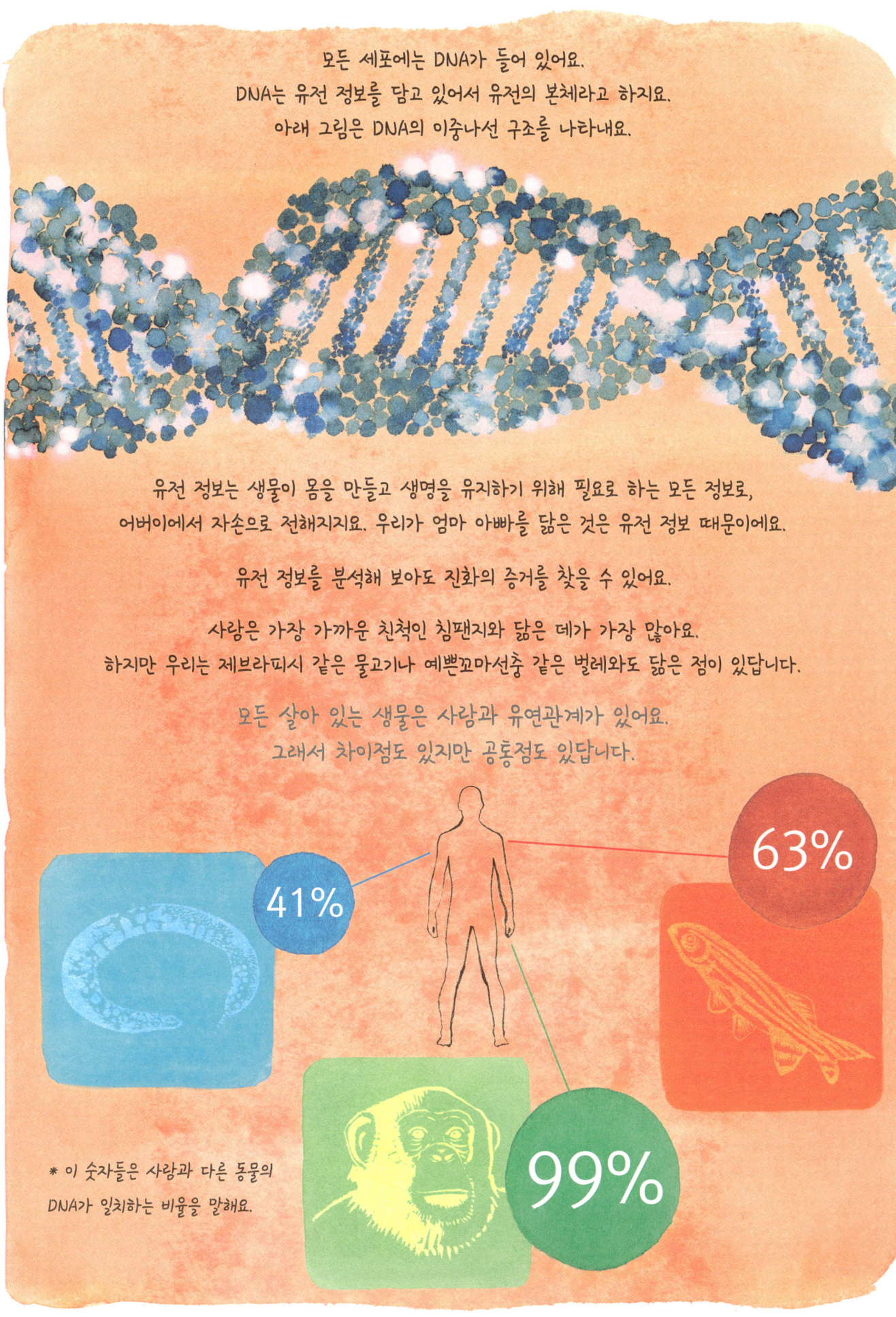

유전 정보는 생물이 몸을 만들고 생명을 유지하기 위해 필요로 하는 모든 정보로,
어버이에서 자손으로 전해지지요. 우리가 엄마 아빠를 닮은 것은 유전 정보 때문이에요.

유전 정보를 분석해 보아도 진화의 증거를 찾을 수 있어요.

사람은 가장 가까운 친척인 침팬지와 닮은 데가 가장 많아요.
하지만 우리는 제브라피시 같은 물고기나 예쁜꼬마선충 같은 벌레와도 닮은 점이 있답니다.

모든 살아 있는 생물은 사람과 유연관계가 있어요.
그래서 차이점도 있지만 공통점도 있답니다.

63%

41%

99%

* 이 숫자들은 사람과 다른 동물의
DNA가 일치하는 비율을 말해요.

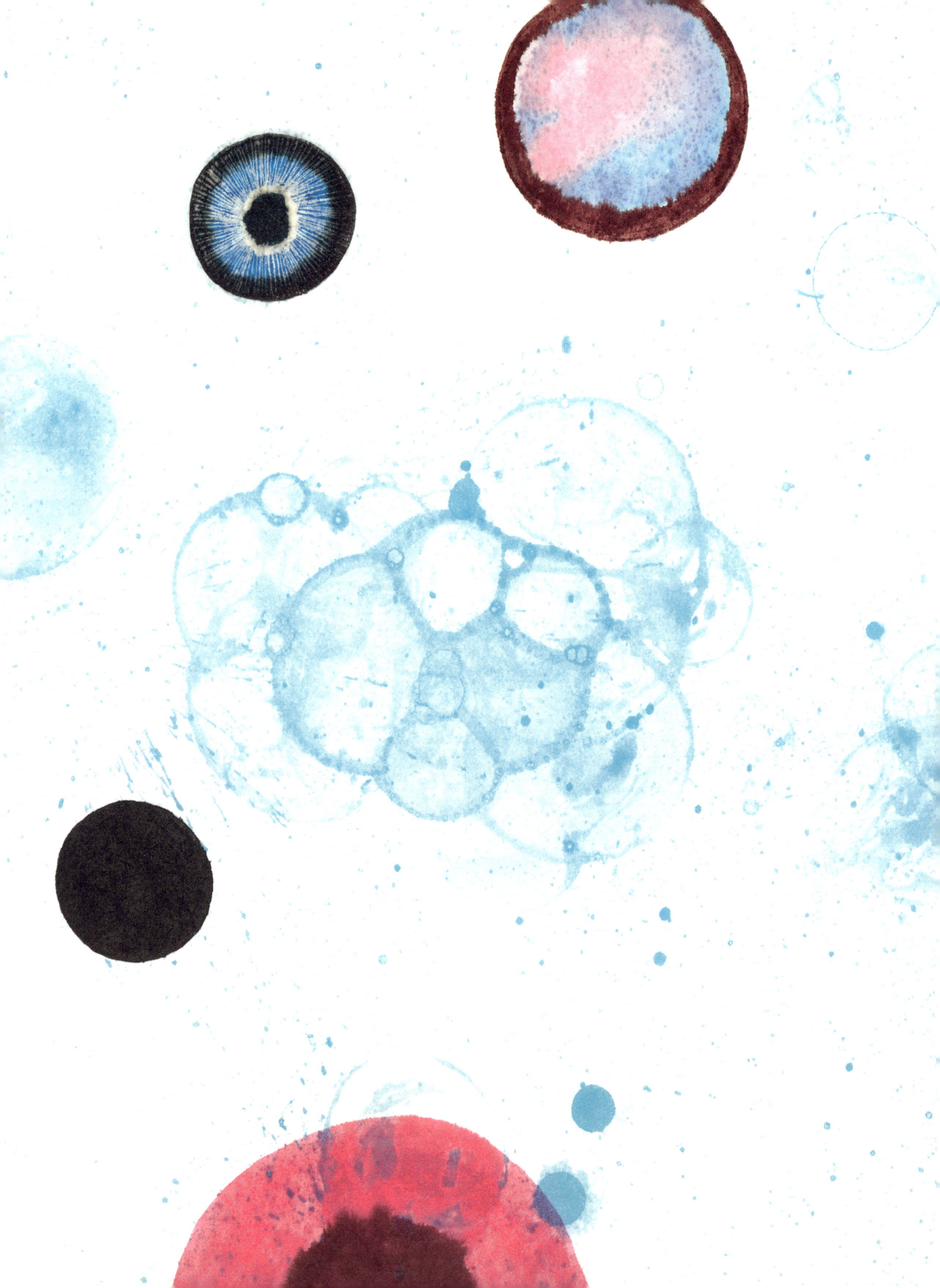